KB220560

무량공덕 사경 1

사경의 소중한 인연공덕

무비스님

사바세계에서 우리들의 삶이란 여러 가지가 여의치 못한 것이 너무도 많습니다. 그리고 현실을 살아가는 사람들의 마음도 언제나 불편하고 부족함만을 생각하고 좀처럼 만족할 줄을 모릅니다. 부처님께서는 그와 같은 온갖 문제들을 진리(眞理)에 맞게 해결하시려고 수많은 방편의 설법(說法)을 하시었습니다.

반야심경에는 “관자재보살이 깊은 반야바라밀다를 행할 때에 몸도 마음도 텅 빈 것으로 비춰 보시고 모든 문제를 다 해결하였노라.”라고 하였습니다. 그리고 “모든 보살들은 이 반야에 의지하여 인생에 아무런 걸릴 것이 없고 두려움도 없고 온갖 전도몽상(顚倒夢想)들을 멀리 떠나서 끝내는 열반을 얻으며, 삼세제불(三世諸佛)도 최상의 깨달음을 얻는다.”라고 하였습니다.

이와 같은 경전을 매일매일 쓰고 외우면서 인생을 살아간다면 반야행자(般若行者)가 가는 길에 무슨 걸림이 있을 것이며

무슨 어려울 것이 있겠습니까? 더구나 부처님의 경전을 쓰고, 지니고, 읽고 남을 위해 설명하여 주는 공덕은 수미산과 같은 칠보를 보시한 공덕보다 훨씬 수승하다고 하였습니다.

대승경전(大乘經典)을 사경(寫經)하는 이 소중한 인연공덕의 깃발이 저 삼십삼천의 높이에서 더욱 힘차게 펄럭이기를 빕니다.

사경공덕수승행 무변승복개회향
寫經功德殊勝行 無邊勝福皆廻向
보원침익제유정 속왕무량광불찰
普願沈溺諸有情 速往無量光佛刹

경을 쓰는 이 공덕 수승하여라
가없는 그 복덕 모두 회향하여
이 세상의 모든 사람 모든 생명들
무량광불 나라에서 행복하여지이다.

불기 2545년 동안거

발 원 문

사경제자 : 합장

사경시작 일시 : 년 월 일

사 경 의 식

삼귀의례

거룩한 부처님께 귀의합니다.

거룩한 가르침에 귀의합니다.

거룩한 스님들께 귀의합니다.

개경게

가장 높고 미묘하신 부처님 법

백천만 겁 지나도록 인연 맺기 어려워라

내가 이제 불법진리 보고 듣고 옮겨 쓰니

부처님의 진실한 뜻 깨우치기 원합니다.

사경발원

자신이 세운 원을 정성스런 마음으로 발원한다.

입정

정좌해서 마음을 고요히 하여 사경할 자세를 갖춘다.

사경시작

사경끝남

사경봉독

손수 쓴 경전을 소리내어 한 번 독송한다.

사경회향문

경을 쓰는 이 공덕 수승하여라
가없는 그 복덕 모두 회향하여
이 세상의 모든 사람 모든 생명들
무량광불 나라에서 행복하여지이다.

불전삼배

사홍서원

중생을 다 건지오리다.
번뇌를 다 끊으오리다.
법문을 다 배우오리다.
불도를 다 이루오리다.

摩訶般若波羅蜜多心經
마하반야바라밀다심경

觀自在菩薩 行深般若波羅蜜多
관자재보살 행심반야바라밀다

時 照見五蘊皆空 度一切苦厄
시 조견오온개공 도일체고액

舍利子 色不異空 空不異色 色
사리자 색불이공 공불이색 색

卽是空 空卽是色 受想行識 亦
즉시공 공즉시색 수상행식 역

復如是 舍利子 是諸法空相 不
부여시 사리자 시제법공상 불

生不滅 不垢不淨 不增不減 是
생불멸 불구부정 부증불감 시

故 空中無色 無受想行識 無眼
고 공중무색 무수상행식 무안

耳鼻舌身意 無色聲香味觸法
이비설신의 무색성향미촉법

無眼界 乃至 無意識界 無無明
무안계 내지 무의식계 무무명

亦無無明盡 乃至 無老死 亦無
역무무명진 내지 무노사 역무

老노 死사 盡진 無무 苦고 集집 滅멸 道도 無무 智지 亦역 無무

得득 以이 無무 所소 得득 故고 菩보 提리 薩살 埵타 依의 般반

若야 波바 羅라 蜜밀 多다 故고 心심 無무 罣가 碍애 無무 罣가

碍애 故고 無무 有유 恐공 怖포 遠원 離리 顚전 倒도 夢몽 想상

究구 竟경 涅열 槃반 三삼 世세 諸제 佛불 依의 般반 若야 波바

羅라 蜜밀 多다 故고 得득 阿아 耨녹 多다 羅라 三삼 藐먁 三삼 菩보

提(리)

故(고)知(지) 般(반)若(야)波(바)羅(라)蜜(밀)多(다) 是(시)大(대)神(신)

呪(주) 是(시)大(대)明(명)呪(주) 是(시)無(무)上(상)呪(주) 是(시)無(무)等(등)

等(등)呪(주) 能(능)除(제)一(일)切(체)苦(고) 眞(진)實(실)不(불)虛(허) 故(고)

說(설) 般(반)若(야)波(바)羅(라)蜜(밀)多(다)呪(주) 卽(즉)說(설)呪(주)曰(왈)

揭(아)諦(제)揭(아)諦(제) 波(바)羅(라)揭(아)諦(제) 波(바)羅(라)僧(승)揭(아)

諦(제) 菩(모)提(지) 娑(사)婆(바)訶(하) 揭(아)諦(제)揭(아)諦(제)波(바)羅(라)

揭諦(아제) 波羅僧揭諦(바라승아제) 菩提(모지) 娑婆訶(사바하)
揭諦揭諦(아제아제) 波羅揭諦(바라아제) 波羅僧揭(바라승아)
諦(제) 菩提(모지) 娑婆訶(사바하)

寫經功德殊勝行(사경공덕수승행) 無邊勝福皆廻向(무변승복개회향)
普願沈溺諸有情(보원침익제유정) 速往無量光佛刹(속왕무량광불찰)

摩訶般若波羅蜜多心經
마하반야바라밀다심경

觀自在菩薩 行深般若波羅蜜多
관자재보살 행심반야바라밀다

時照見五蘊皆空 度一切苦厄
시조견오온개공 도일체고액

舍利子 色不異空 空不異色 色
사리자 색불이공 공불이색 색

卽是空 空卽是色 受想行識 亦
즉시공 공즉시색 수상행식 역

復부如여是시 舍사利리子자 是시諸제法법空공相상 不불

生생不불滅멸 不불垢구不부淨정 不부增증不불減감 是시

故고 空공中중無무色색 無무受수想상行행識식 無무眼안

耳이鼻비舌설身신意의 無무色색聲성香향味미觸촉法법

無무眼안界계 乃내至지 無무意의識식界계 無무無무明명

亦역無무無무明명盡진 乃내至지 無무老노死사 亦역無무

老노 死사 盡진 無무 苦고 集집 滅멸 道도 無무 智지 亦역 無무

得득 以이 無무 所소 得득 故고 菩보 提리 薩살 埵타 依의 般반

若야 波바 羅라 蜜밀 多다 故고 心심 無무 罣가 碍애 無무 罣가

碍애 故고 無무 有유 恐공 怖포 遠원 離리 顚전 倒도 夢몽 想상

究구 竟경 涅열 槃반 三삼 世세 諸제 佛불 依의 般반 若야 波바

羅라 蜜밀 多다 故고 得득 阿아 耨뇩 多다 羅라 三삼 藐먁 三삼 菩보

提(리)
故(고)知(지) 般(반)若(야)波(바)羅(라)蜜(밀)多(다) 是(시)大(대)神(신)

呪(주) 是(시)大(대)明(명)呪(주) 是(시)無(무)上(상)呪(주) 是(시)無(무)等(등)

等(등)呪(주) 能(능)除(제)一(일)切(체)苦(고) 眞(진)實(실)不(불)虛(허) 故(고)

說(설) 般(반)若(야)波(바)羅(라)蜜(밀)多(다)呪(주) 卽(즉)說(설)呪(주)曰(왈)

揭(아)諦(제)揭(아)諦(제) 波(바)羅(라)揭(아)諦(제) 波(바)羅(라)僧(승)揭(아)

諦(제) 菩(모)提(지) 娑(사)婆(바)訶(하) 揭(아)諦(제)揭(아)諦(제)波(바)羅(라)

揭諦(아제) 波羅僧揭諦(바라승아제) 菩提(모지) 娑婆訶(사바하)

揭諦揭諦(아제아제) 波羅揭諦(바라아제) 波羅僧揭(바라승아)

諦(제) 菩提(모지) 娑婆訶(사바하)

寫經功德殊勝行(사경공덕수승행)
無邊勝福皆廻向(무변승복개회향)

普願沈溺諸有情(보원침익제유정)
速往無量光佛刹(속왕무량광불찰)

摩訶般若波羅蜜多心經
마하반야바라밀다심경

觀自在菩薩 行深般若波羅蜜多
관자재보살 행심반야바라밀다

時照見五蘊皆空 度一切苦厄
시조견오온개공 도일체고액

舍利子 色不異空 空不異色
사리자 색불이공 공불이색

卽是空 空卽是色 受想行識亦
즉시공 공즉시색 수상행식역

復(부)如(여)是(시) 舍(사)利(리)子(자) 是(시)諸(제)法(법)空(공)相(상) 不(불)
生(생)不(불)滅(멸) 不(불)垢(구)不(부)淨(정) 不(부)增(증)不(불)減(감) 是(시)
故(고) 空(공)中(중)無(무)色(색) 無(무)受(수)想(상)行(행)識(식) 無(무)眼(안)
耳(이)鼻(비)舌(설)身(신)意(의) 無(무)色(색)聲(성)香(향)味(미)觸(촉)法(법)
無(무)眼(안)界(계) 乃(내)至(지) 無(무)意(의)識(식)界(계) 無(무)無(무)明(명)
亦(역)無(무)無(무)明(명)盡(진) 乃(내)至(지) 無(무)老(노)死(사) 亦(역)無(무)

老노死사盡진 無무苦고集집滅멸道도 無무智지亦역無무

得득 以이無무所소得득故고 菩보提리薩살埵타依의般반

若야波바羅라蜜밀多다故고 心심無무罣가碍애 無무罣가

碍애故고 無무有유恐공怖포 遠원離리顚전倒도夢몽想상

究구竟경涅열槃반 三삼世세諸제佛불 依의般반若야波바

羅라蜜밀多다故고 得득阿아耨뇩多다羅라三삼藐먁三삼菩보

提 故知 般若波羅蜜多 是大神
리 고지 반야바라밀다 시대신

呪 是大明呪 是無上呪 是無等
주 시대명주 시무상주 시무등

等呪 能除一切苦 眞實不虛 故
등주 능제일체고 진실불허 고

說 般若波羅蜜多呪 卽說呪曰
설 반야바라밀다주 즉설주왈

揭諦揭諦 波羅揭諦 波羅僧揭
아제아제 바라아제 바라승아

諦 菩提 娑婆訶 揭諦揭諦波羅
제 모지 사바하 아제아제바라

揭(아)諦(제) 波(바)羅(라)僧(승)揭(아)諦(제) 菩(모)提(지) 娑(사)婆(바)訶(하)

揭(아)諦(제)揭(아)諦(제) 波(바)羅(라)揭(아)諦(제) 波(바)羅(라)僧(승)揭(아)

諦(제) 菩(모)提(지) 娑(사)婆(바)訶(하)

寫(사)經(경)功(공)德(덕)殊(수)勝(승)行(행) 無(무)邊(변)勝(승)福(복)皆(개)廻(회)向(향)

普(보)願(원)沈(침)溺(익)諸(제)有(유)情(정) 速(속)往(왕)無(무)量(량)光(광)佛(불)刹(찰)

摩訶般若波羅蜜多心經
마하반야바라밀다심경

觀自在菩薩 行深般若波羅蜜多
관자재보살 행심반야바라밀다

時 照見五蘊皆空 度一切苦厄
시 조견오온개공 도일체고액

舍利子 色不異空 空不異色 色
사리자 색불이공 공불이색 색

卽是空 空卽是色 受想行識 亦
즉시공 공즉시색 수상행식 역

復(부)如(여)是(시) 舍(사)利(리)子(자) 是(시)諸(제)法(법)空(공)相(상)不(불)

生(생)不(불)滅(멸) 不(불)垢(구)不(부)淨(정) 不(부)增(증)不(불)減(감) 是(시)

故(고) 空(공)中(중)無(무)色(색) 無(무)受(수)想(상)行(행)識(식) 無(무)眼(안)

耳(이)鼻(비)舌(설)身(신)意(의) 無(무)色(색)聲(성)香(향)味(미)觸(촉)法(법)

無(무)眼(안)界(계) 乃(내)至(지) 無(무)意(의)識(식)界(계) 無(무)無(무)明(명)

亦(역)無(무)無(무)明(명)盡(진) 乃(내)至(지) 無(무)老(노)死(사) 亦(역)無(무)

老노死사盡진 無무苦고集집滅멸道도 無무智지亦역無무
得득 以이無무所소得득故고 菩보提리薩살埵타依의般반
若야波바羅라蜜밀多다故고 心심無무罣가礙애 無무罣가
礙애故고 無무有유恐공怖포 遠원離리顚전倒도夢몽想상
究구竟경涅열槃반 三삼世세諸제佛불 依의般반若야波바
羅라蜜밀多다故고 得득阿아耨뇩多다羅라三삼藐먁三삼菩보

提리 故고知지 般반若야波바羅라蜜밀多다 是시大대神신

呪주 是시大대明명呪주 是시無무上상呪주 是시無무等등

等등呪주 能능除제一일切체苦고 眞진實실不불虛허 故고

說설 般반若야波바羅라蜜밀多다呪주 卽즉說설呪주曰왈

揭아諦제揭아諦제 波바羅라揭아諦제 波바羅라僧승揭아

諦제 菩모提지 娑사婆바訶하 揭아諦제揭아諦제波바羅라

揭아諦제 波바羅라僧승揭아諦제 菩모提지 娑사婆바訶하

揭아諦제揭아諦제 波바羅라揭아諦제 波바羅라僧승揭아

諦제 菩모提지 娑사婆바訶하

寫사經경功공德덕殊수勝승行행 無무邊변勝승福복皆개廻회向향

普보願원沈심溺익諸제有유情정 速속往왕無무量량光광佛불刹찰

摩訶般若波羅蜜多心經
(마하반야바라밀다심경)

觀自在菩薩 行深般若波羅蜜多
(관자재보살 행심반야바라밀다)

時 照見五蘊皆空 度一切苦厄
(시 조견오온개공 도일체고액)

舍利子 色不異空 空不異色 色
(사리자 색불이공 공불이색 색)

卽是空 空卽是色 受想行識 亦
(즉시공 공즉시색 수상행식 역)

復如是 舍利子 是諸法空相 不
부여시 사리자 시제법공상 불

生不滅 不垢不淨 不增不減 是
생불멸 불구부정 부증불감 시

故 空中無色 無受想行識 無眼
고 공중무색 무수상행식 무안

耳鼻舌身意 無色聲香味觸法
이비설신의 무색성향미촉법

無眼界 乃至 無意識界 無無明
무안계 내지 무의식계 무무명

亦無無明盡 乃至 無老死 亦無
역무무명진 내지 무노사 역무

老노死사盡진 無무苦고集집滅멸道도 無무智지亦역無무

得득 以이無무所소得득故고 菩보提리薩살埵타依의般반

若야波바羅라蜜밀多다故고 心심無무罣가碍애 無무罣가

碍애故고 無무有유恐공怖포 遠원離리顚전倒도夢몽想상

究구竟경涅열槃반 三삼世세諸제佛불 依의般반若야波바

羅라蜜밀多다故고 得득阿아耨뇩多다羅라三삼藐먁三삼菩보

提 故知般若波羅蜜多 是大神
리 고지반야바라밀다 시대신

呪 是大明呪 是無上呪 是無等
주 시대명주 시무상주 시무등

等呪 能除一切苦 眞實不虛 故
등주 능제일체고 진실불허 고

說 般若波羅蜜多呪 卽說呪曰
설 반야바라밀다주 즉설주왈

揭諦揭諦 波羅揭諦 波羅僧揭
아제아제 바라아제 바라승아

諦 菩提 娑婆訶 揭諦揭諦波羅
제 모지 사바하 아제아제바라

揭諦(아제) 波羅僧揭諦(바라승아제) 菩提(모지) 娑婆訶(사바하)

揭諦揭諦(아제아제) 揭諦(아제) 波羅揭諦(바라아제) 波羅僧揭(바라승아)

諦(제) 菩提(모지) 娑婆訶(사바하)

寫經功德殊勝行(사경공덕수승행)
無邊勝福皆廻向(무변승복개회향)

普願沈溺諸有情(보원침익제유정)
速往無量光佛刹(속왕무량광불찰)

摩訶般若波羅蜜多心經
마하반야바라밀다심경

觀自在菩薩 行深般若波羅蜜多
관자재보살 행심반야바라밀다

時 照見五蘊皆空 度一切苦厄
시 조견오온개공 도일체고액

舍利子 色不異空 空不異色 色
사리자 색불이공 공불이색 색

卽是空 空卽是色 受想行識亦
즉시공 공즉시색 수상행식역

復如是 舍利子 是諸法空相 不
부여시 사리자 시제법공상 불

生不滅 不垢不淨 不增不減 是
생불멸 불구부정 부증불감 시

故 空中無色 無受想行識 無眼
고 공중무색 무수상행식 무안

耳鼻舌身意 無色聲香味觸法
이비설신의 무색성향미촉법

無眼界 乃至 無意識界 無無明
무안계 내지 무의식계 무무명

亦無無明盡 乃至 無老死 亦無
역무무명진 내지 무노사 역무

老(노)死(사)盡(진) 無(무)苦(고)集(집)滅(멸)道(도) 無(무)智(지)亦(역)無(무)

得(득) 以(이)無(무)所(소)得(득)故(고) 菩(보)提(리)薩(살)埵(타)依(의)般(반)

若(야)波(바)羅(라)蜜(밀)多(다)故(고) 心(심)無(무)罣(가)礙(애) 無(무)罣(가)

礙(애)故(고) 無(무)有(유)恐(공)怖(포) 遠(원)離(리)顚(전)倒(도)夢(몽)想(상)

究(구)竟(경)涅(열)槃(반) 三(삼)世(세)諸(제)佛(불) 依(의)般(반)若(야)波(바)

羅(라)蜜(밀)多(다)故(고) 得(득)阿(아)耨(뇩)多(다)羅(라)三(삼)藐(먁)三(삼)菩(보)

提(리) 故(고)知(지) 般(반)若(야)波(바)羅(라)蜜(밀)多(다) 是(시)大(대)神(신)

呪(주) 是(시)大(대)明(명)呪(주) 是(시)無(무)上(상)呪(주) 是(시)無(무)等(등)

等(등)呪(주) 能(능)除(제)一(일)切(체)苦(고) 眞(진)實(실)不(불)虛(허) 故(고)

說(설) 般(반)若(야)波(바)羅(라)蜜(밀)多(다)呪(주) 卽(즉)說(설)呪(주)曰(왈)

揭(아)諦(제)揭(아)諦(제) 波(바)羅(라)揭(아)諦(제) 波(바)羅(라)僧(승)揭(아)

諦(제) 菩(모)提(지) 娑(사)婆(바)訶(하) 揭(아)諦(제)揭(아)諦(제)波(바)羅(라)

揭諦 波羅僧揭諦 菩提 娑婆訶
(아제 바라승아제 모지 사바하)

揭諦揭諦 波羅揭諦 波羅僧揭諦 菩提 娑婆訶
(아제아제 바라아제 바라승아제 모지 사바하)

寫經功德殊勝行 無邊勝福皆廻向
(사경공덕수승행 무변승복개회향)

普願沈溺諸有情 速往無量光佛刹
(보원침익제유정 속왕무량광불찰)

摩訶般若波羅蜜多心經
마하반야바라밀다심경

觀自在菩薩 行深般若波羅蜜多
관자재보살 행심반야바라밀다

時 照見五蘊皆空 度一切苦厄
시 조견오온개공 도일체고액

舍利子 色不異空 空不異色 色
사리자 색불이공 공불이색 색

卽是空 空卽是色 受想行識 亦
즉시공 공즉시색 수상행식 역

復如是 舍利子 是諸法空相 不
부여시 사리자 시제법공상 불

生不滅 不垢不淨 不增不減 是
생불멸 불구부정 부증불감 시

故 空中無色 無受想行識 無眼
고 공중무색 무수상행식 무안

耳鼻舌身意 無色聲香 味觸法
이비설신의 무색성향 미촉법

無眼界 乃至 無意識界 無無明
무안계 내지 무의식계 무무명

亦無無明盡 乃至 無老死 亦無
역무무명진 내지 무노사 역무

老노死사盡진 無무苦고集집滅멸道도 無무智지亦역無무

得득 以이無무所소得득故고 菩보提리薩살埵타依의般반

若야波바羅라蜜밀多다故고 心심無무罣가礙애 無무罣가

礙애故고 無무有유恐공怖포 遠원離리顚전倒도夢몽想상

究구竟경涅열槃반 三삼世세諸제佛불 依의般반若야波바

羅라蜜밀多다故고 得득阿아耨녹多다羅라三삼藐먁三삼菩보

提(리) 故(고)知(지) 般(반)若(야)波(바)羅(라)蜜(밀)多(다) 是(시)大(대)神(신)
呪(주) 是(시)大(대)明(명)呪(주) 是(시)無(무)上(상)呪(주) 是(시)無(무)等(등)
等(등)呪(주) 能(능)除(제)一(일)切(체)苦(고) 眞(진)實(실)不(불)虛(허) 故(고)
說(설) 般(반)若(야)波(바)羅(라)蜜(밀)多(다)呪(주) 卽(즉)說(설)呪(주)曰(왈)
揭(아)諦(제)揭(아)諦(제) 波(바)羅(라)揭(아)諦(제) 波(바)羅(라)僧(승)揭(아)
諦(제) 菩(모)提(지) 娑(사)婆(바)訶(하) 揭(아)諦(제)揭(아)諦(제)波(바)羅(라)

揭諦 波羅僧揭諦 菩提 娑婆訶 (아제 바라승아제 모지 사바하)

揭諦揭諦 波羅揭諦 波羅僧揭 (아제아제 바라아제 바라승아)

諦 菩提 娑婆訶 (제 모지 사바하)

寫經功德殊勝行 (사경공덕수승행)
無邊勝福皆迴向 (무변승복개회향)

普願沈溺諸有情 (보원침익제유정)
速往無量光佛刹 (속왕무량광불찰)

반야심경 해설

摩訶般若波羅蜜多心經
마하반야바라밀다심경

위대한 지혜로 피안에 도달하는 가장 핵심되는 부처님의 말씀.
마하는 크다, 많다, 위대하다의 뜻이고, 반야는 지혜, 깨달음의 뜻이며, 바라밀다는 깨달음의 언덕에 이르다는 뜻이다. 심경은 핵심이 되는 부처님의 말씀이란 뜻이다.

觀自在菩薩 行深般若波羅蜜多時 照見五蘊皆空 度一切苦厄
관자재보살 행심반야바라밀다시 조견오온개공 도일체고액

관자재보살이 깊은 반야바라밀다를 행할 때에 오온(물질적 요소[色], 감각작용[受], 표상작용[想], 의지작용[行], 인식작용[識]이 모두 공함을 확연히 알고 온갖 고액에서 벗어났느니라.

舍利子 色不異空 空不異色 色卽是空 空卽是色 受想行識 亦復如是
사리자 색불이공 공불이색 색즉시공 공즉시색 수상행식 역부여시

사리자여, 물질적 현상이 공과 다르지 않고, 공이 물질적 현상과 다르지 않으니, 물질적 현상이 곧 공이요, 공이 곧 물질적 현상이니라. 감각작용, 표상작용, 의지작용, 인식작용도 또한 이와 같으니라.

舍利子 是諸法空相 不生不滅 不垢不淨 不增不減
사리자 시제법공상 불생불멸 불구부정 부증불감

사리자여, 이 모든 현상계의 본질적 차원에서는 생겨나는 일도 없고, 없어지는 일도 없으며, 더럽지도 않으며, 깨끗하지도 않은 것이며, 늘어나지도 않고, 줄어드는 일도 없느니라.

是故 空中無色 無受想行識
시고 공중무색 무수상행식

이러한 까닭에 공의 입장에서는 물질적 현상도 없고, 감각작용과 표상작용 그리고 의지작용과 인식작용도 없느니라.

無眼耳鼻舌身意 無色聲香味觸法 無眼界 乃至 無意識界
무안이비설신의 무색성향미촉법 무안계 내지 무의식계

(이 공의 세계에서) 시각·청각·후각·미각·촉각·사유작용 등 감각작용도 없고, 빛깔과 형상·소리·냄새·맛·감촉·비감각적 대상도 없으며, 눈의 영역도 없고, 의식의 세계까지도 없느니라.

無無明 亦無無明盡 乃至 無老死 亦無老死盡
무무명 역무무명진 내지 무노사 역무노사진

(이 공의 세계에서는) 무명도 없으며, 또한 무명이 다함도 없으며 내지 늙고 죽음도 없고, 또한 늙고 죽음의 다함도 없느니라.

無苦集滅道 無智亦無得
무고집멸도 무지역무득

(이 공의 세계에서는) 괴로움도 없고, 괴로움의 원인도 없고, 그 원인의 소멸도 없고, 그 괴로움의 소멸에 이르는 방법도 없느니라. 지혜도 없고, 깨달음을 얻은 것도 없느니라.

以無所得故 菩提薩埵依般若波羅蜜多故 心無罣碍 無罣碍故
이무소득고 보리살타의반야바라밀다고 심무가애 무가애고

無有恐怖 遠離顚倒夢想 究竟涅槃
무유공포 원리전도몽상 구경열반

얻을 것이 없는 까닭에 보리살타는 반야바라밀다에 의지하므로 마음에 걸림이 없고 걸림이 없으므로 두려움이 없고 뒤바뀌고 잘못된 생각을 멀리 떠나 마침내는 열반에 이르렀느니라

三世諸佛 依般若波羅密多故 得阿耨多羅三藐三菩提
삼세제불 의반야바라밀다고 득아뇩다라삼먁삼보리

과거 · 현재 · 미래의 모든 부처님도 이 반야바라밀다에 의지하여 최상의 깨달음인 아뇩다라삼먁삼보리를 얻느니라.

故知 般若波羅蜜多 是大神呪 是大明呪 是無上呪 是無等等呪
고지 반야바라밀다 시대신주 시대명주 시무상주 시무등등주

그러므로 알라. 반야바라밀다는 가장 신비한 주문이며, 가장 밝은 주문이며, 최상의 주문이며, 비교할 수 없이 뛰어난 주문이니라.

能除一切苦 眞實不虛 故說 般若波羅蜜多呪
능제일체고 진실불허 고설 반야바라밀다주

능히 일체의 괴로움을 소멸시키며 진실하여 허망하지 않나니, 그러므로 반야바라밀다의 주문을 설하노라.

卽說呪曰
즉설주왈

揭諦揭諦 波羅揭諦 波羅僧揭諦 菩提 娑婆訶(세 번)
아제아제 바라아제 바라승아제 모지 사바하(세 번)

그 주문은 곧,
가자, 가자, 피안으로 가자, 우리 함께 피안으로 가자.
아! 깨달음이여, 원만 성취하여라.(세 번)

회 향 문

사경제자 : 합장

사경마침 일시 : 년 월 일

 정성스럽게 쓰신 사경본 처리 방법

- 가보로 소중히 간직합니다.
- 본인이 지니고 독송용으로 사용합니다.
- 다른 분에게 선물합니다.
- 돌아가신 분을 위한 기도용 사경은 절의 소대에서 불태워 드립니다.
- 법당, 불탑, 불상 조성시에 안치합니다.

◈무비(如天 無比) 스님
· 전 조계종 교육원장.
· 범어사에서 여환스님을 은사로 출가.
· 해인사 강원 졸업.
· 해인사, 통도사 등 여러 선원에서 10여년 동안 안거.
· 통도사, 범어사 강주 역임.
· 조계종 종립 은해사 승가대학원장 역임.
· 탄허스님의 법맥을 이은 강백.
· 화엄경 완역 등 많은 집필과 법회 활동.

▶저서와 역서
· 『금강경 강의』, 『보현행원품 강의』, 『화엄경』, 『예불문과 반야심경』, 『반야심경 사경』 외 다수.

般若心經

초판 발행 · 2002년 2월 20일
26쇄 발행 · 2023년 9월 20일
편　저 · 무비 스님
펴낸이 · 이규인
편　집 · 천종근
펴낸곳 · 도서출판 窓
등록번호 · 제15-454호
등록일자 · 2004년3월 25일

주소 · 서울특별시 마포구 대흥로4길 49, 1층(용강동 월명빌딩)
전화 · 322-2686, 2687/팩시밀리 · 326-3218
e-mail · changbook1@hanmail.net
홈페이지 · www.changbook.co.kr

ISBN 89-7453-091-0 04220
정가 6,000원